뇌가 놀고 싶을 때 다른그림찾기

그림 줄리아 롬바르도, 마크 파쵸

POSSIBLE IMPOSSIBLE: SPOT THE DIFFERENCE

Copyright ⓒ ISEEK Ltd. 2016

All rights reserved.

Korean translation copyright ⓒ 2016 by Okdang Books, Inc.

Korean translation rights arranged with ISEEK Ltd. through EYA(Eric Yang Agency).

이 책의 한국어판 저작권은 에릭양 에이전시를 통한 저작권자와의 독점 계약으로
도서출판 옥당에 있습니다. 저작권법에 의해 한국 내에서 보호를 받는 저작물이므로
무단 전재와 복제를 금합니다.

뇌가 놀고 싶을 때 다른 그림 찾기

그림 줄리아 롬바르도, 마크 파쵸/ **1쇄 발행** 2016년 10월 28일/ **8쇄 발행** 2018년 11월 10일/ **발행처** 도서출판 옥당/ **발행인** 신은영/ **등록번호** 제2012-000137호/ **등록일자** 2008년 1월 18일/ **주소** 경기도 고양시 일산동구 무궁화로 11 한라밀라트 B동 215호/ **전화** (02)722-6826 **팩스** (031)911-6486/ **홈페이지** www.okdangbooks.com/ **이메일** coolsey@okdangbooks.com/
값은 표지에 있습니다./ ISBN 978-89-93952-80-3 13690

이 도서의 국립중앙도서관 출판시도서목록(CIP)은 e-CIP 홈페이지(http://www.nl.go.kr/ecip)에서 이용하실 수 있습니다.(CIP제어번호: CIP2016023391)

▶ 다른 그림 찾기 놀이터에 오신 걸 환영합니다.

책장을 넘길수록 찾아야 할 과제는 더 많아집니다.
시간 내에 찾지 못하더라도 실망하지 말고 도전을 즐겨주세요!

그림 전체를 한번에 보고 찾으려면 어려워요.
자로 그림을 쓸어내리며 한 부분씩 보면 더 쉽게 찾을 수 있어요.
그림에 색을 칠해봐도 좋아요. 비어 있는 곳에 색을 칠해보세요.

책 맨 뒤쪽에 해답이 있지만
도저히 모르겠더라도 한 번만 꾹 참아보세요!

자, 이제 시작해볼까요?

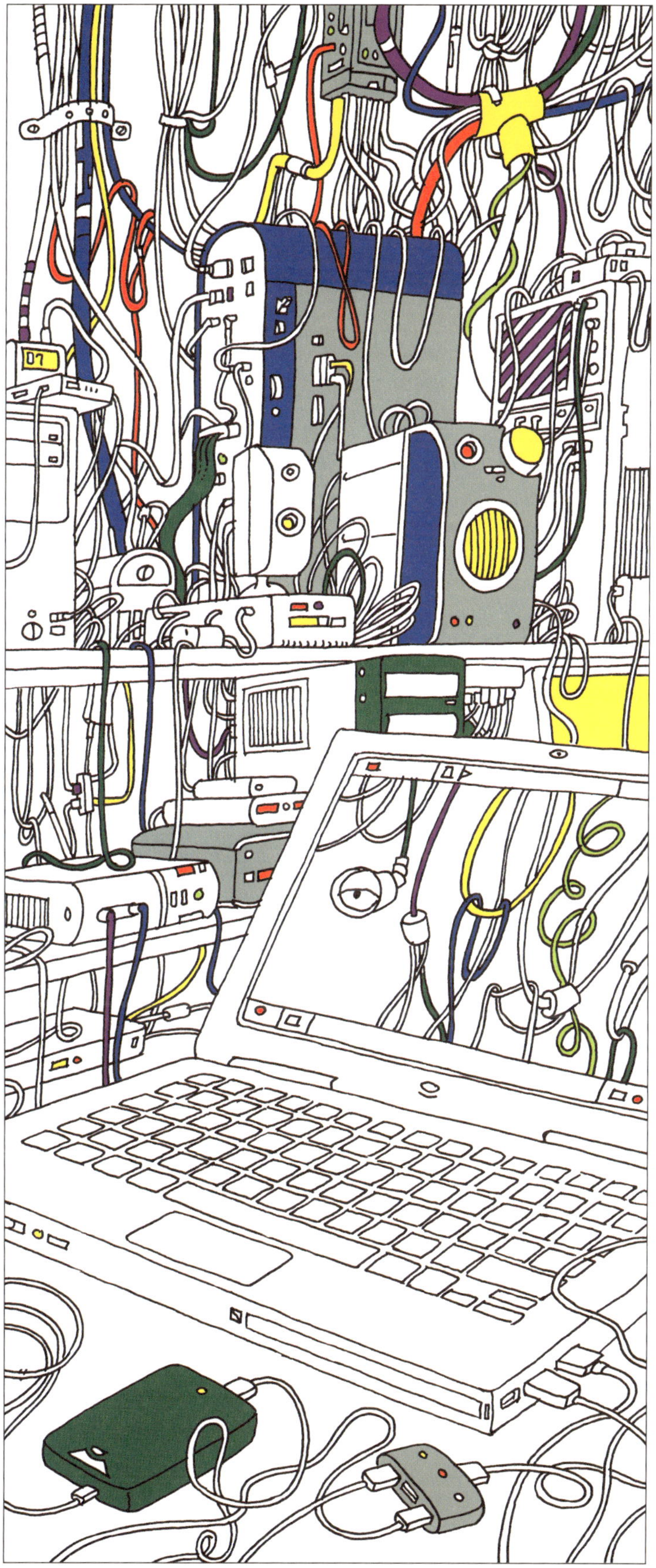

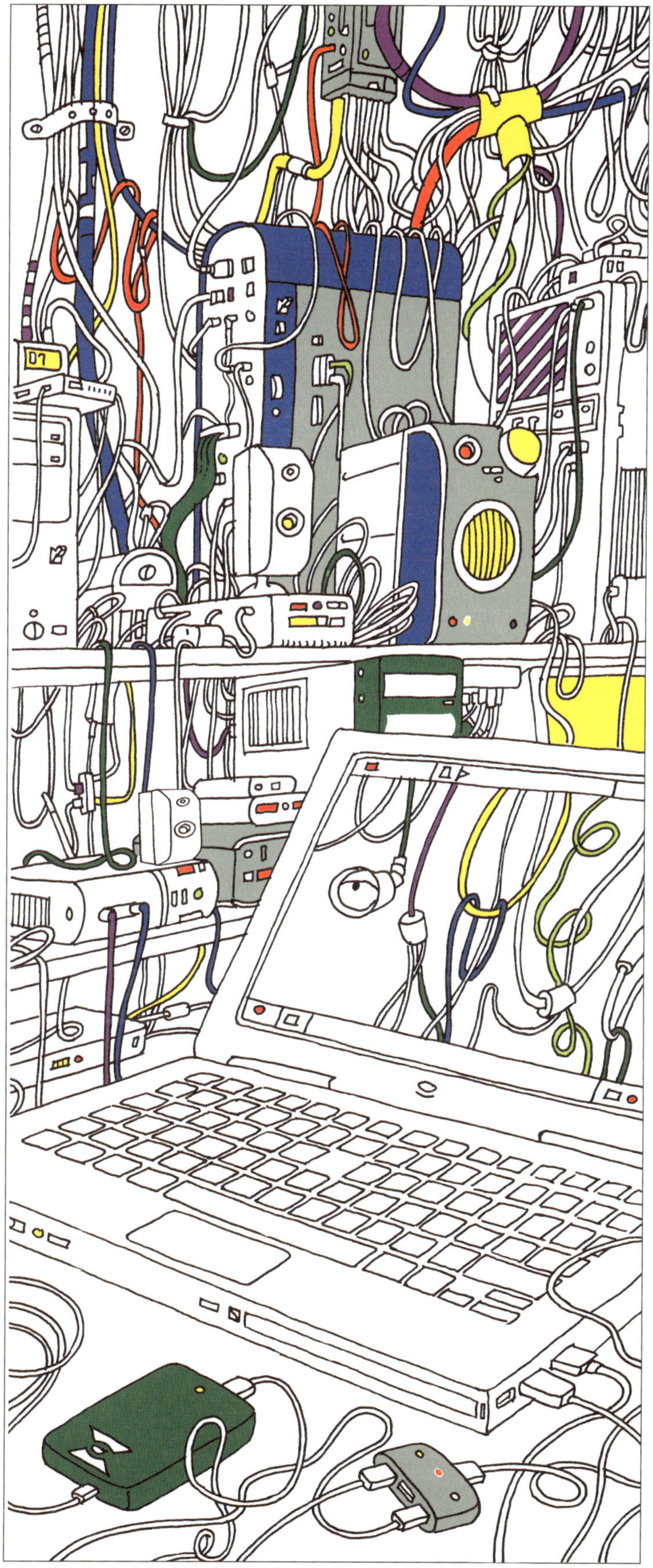

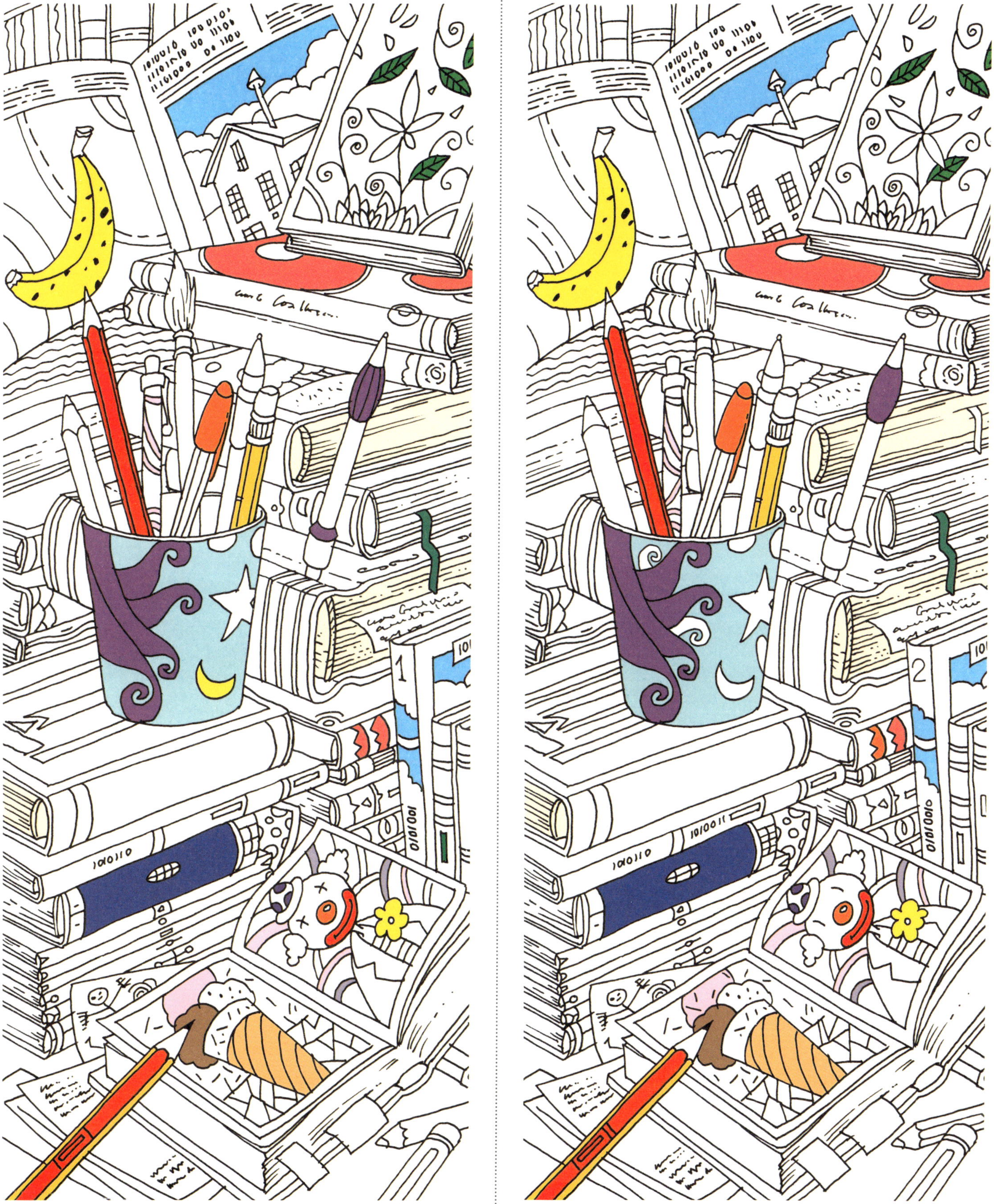

SOLUTION

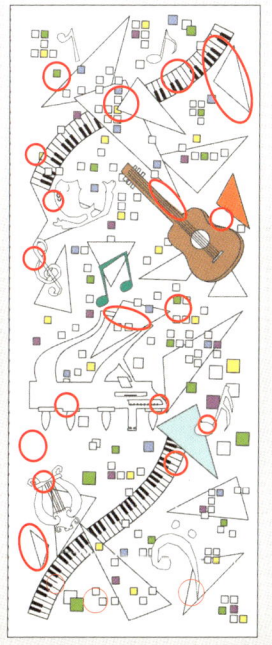

SOLUTION

89

SOLUTION

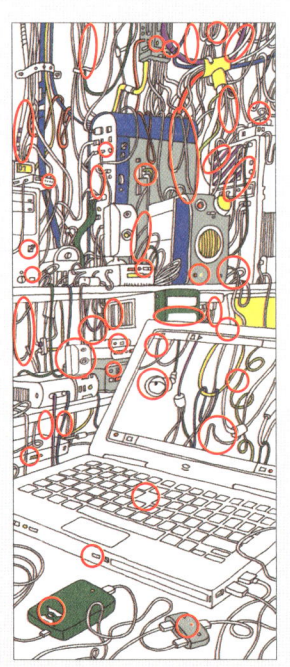

91

SOLUTION

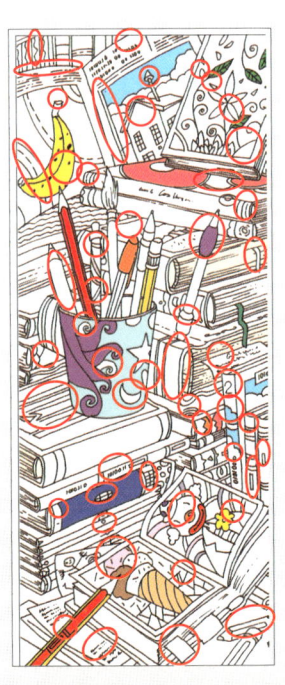

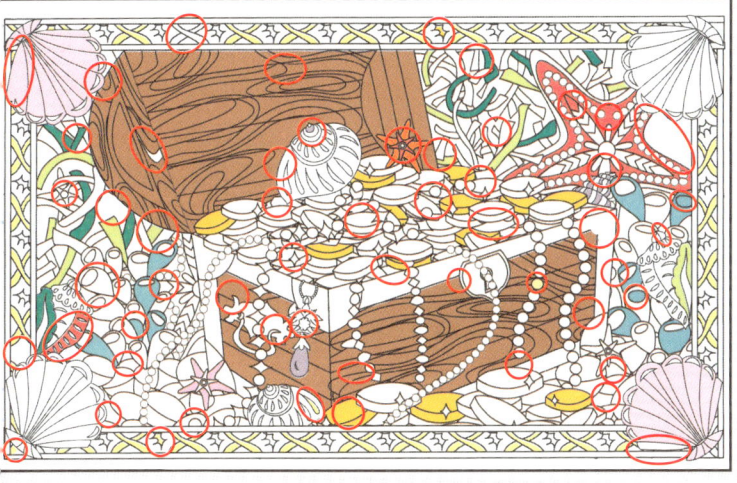

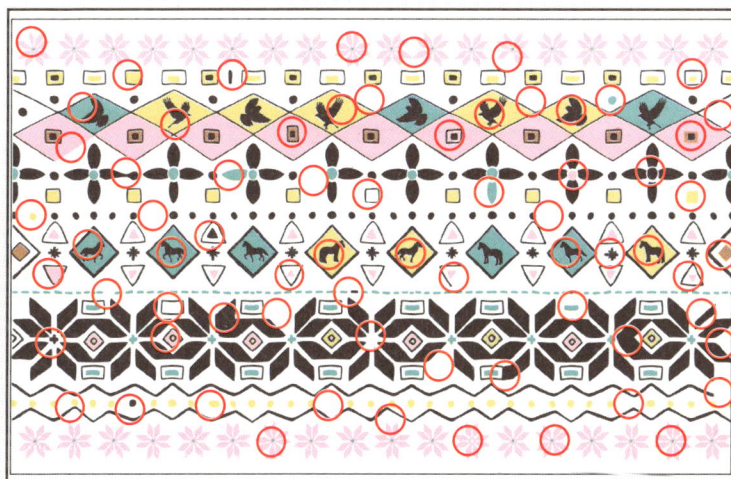

SOLUTION

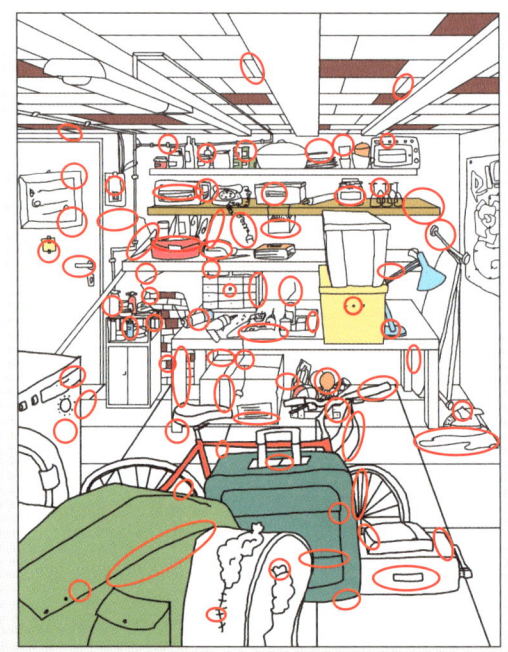

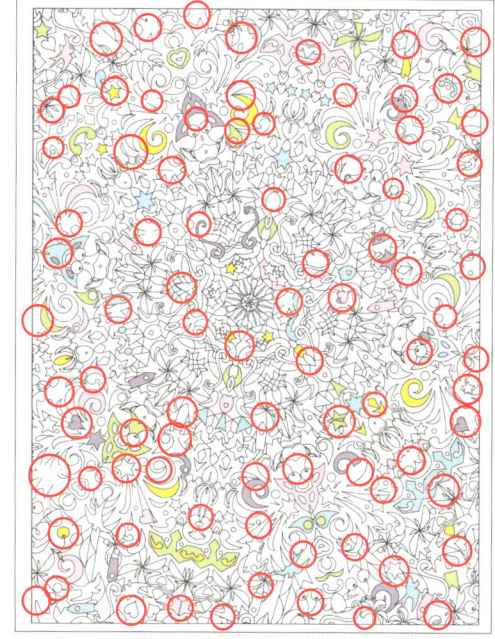

95

SOLUTION

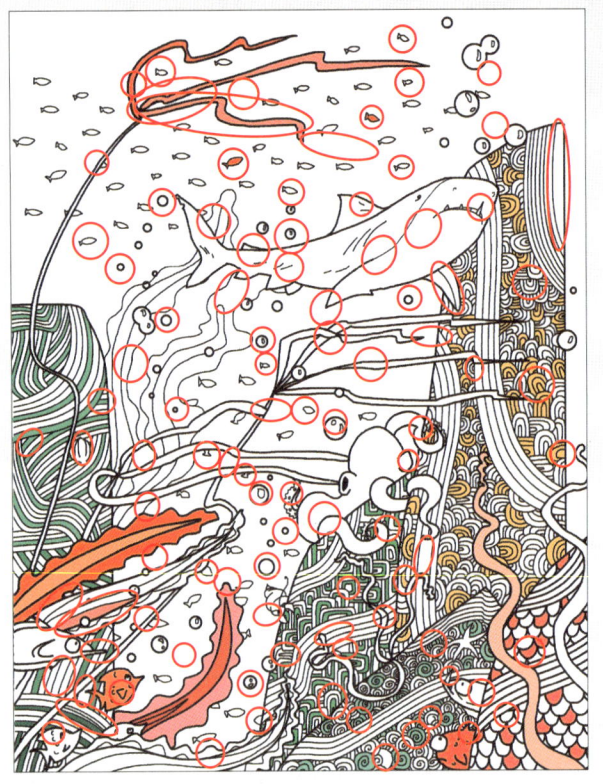